El fuerte

Figuras tridime

D1536119

Joshua Rae Martin

Créditos

Dona Herweck Rice, *Gerente de redacción*; Lee Aucoin, *Directora creativa*; Don Tran, *Gerente de diseño y producción*; Sara Johnson, *Editora superior*; Evelyn Garcia, *Editora asociada*; Neri Garcia, *Composición*; Stephanie Reid, *Investigadora de fotos*; Rachelle Cracchiolo, M.A.Ed., *Editora comercial*

Créditos de las imágenes

cover Stephanie Reid; p.1 Stephanie Reid; p.4 manley620/iStockphoto; p.5 rtguest/Shutterstock; p.6 manley620/iStockphoto; p.7 (top) Talshiar/Dreamstime, (middle) Miflippo/Dreamstime, (bottom) Carlos E. Santa Maria/Shutterstock, Angelogila/Dreamstime, Geopappas/Dreamstime, AlexAvich/Shutterstock; p.8 Monkey Business Images/Shutterstock; p.9 Fotosearch; p.10 (top) Dean Evangelista/Shutterstock, (bottom) rtguest/Shutterstock; p.11 jaroon/Shutterstock; p.12 Stephanie Reid; p.13 (top left) Indric/Shutterstock, (top right) Shcherbakov Ilya/Shutterstock, (bottom left) Icefields/Dreamstime, (bottom right) Radu Razvan/Shutterstock; p.14 (left) Alex Staroseltsev/Shutterstock, (right) Bonnie Jacobs/iStockphoto; p.15 Kvadrat/Shutterstock; p.16 (left) Microdon/Dreamstime, (right) Olivier Le Queinec/Shutterstock; p.17 (top) grynold/Shutterstock, (left) Microdon/Dreamstime, (middle left) PhotoStocker/Shutterstock, (middle right) Vadim Kozlovsky/Shutterstock, (right) Feng Yu/Shutterstock; p.18 Good Mood Photo/Shutterstock; p.19 (top) Cheryl Casey/Shutterstock, (bottom) rtguest/Shutterstock; p.20 (top left) Good Mood Photo/Shutterstock, (middle left) Anthony Berenyi/Shutterstock, (bottom left) C. Salisbury/Shutterstock, (top right) Lars Lindblad/Shutterstock, (bottom right) Elena Elisseeva/Shutterstock; p.21 (left) Carlos E. Santa Maria/Shutterstock, (middle left) Microdon/Dreamstime, (middle right) Neokan/Dreamstime, (right) prism68/Shutterstock; p.22 Stephanie Reid; p.23 Stephanie Reid; p.24 Stephanie Reid; p.25 (left) grekoff/Shutterstock, (middle) Stephanie Reid, (top right) Roman Sigaev/Shutterstock, (bottom right) Stephanie Reid; p.26 Nolie/Shutterstock; p.27 (top) Sami Haqqani.Dreamstime, (bottom) Martine Oger/Shutterstock; p.28 Tim Bradley

Teacher Created Materials

5301 Oceanus Drive
Huntington Beach, CA 92649-1030
http://www.tcmpub.com
ISBN 978-1-4333-2748-3
©2011 Teacher Created Materials, Inc.
Printed in China

Tabla de contenido

Cajas y más cajas

En la calle Grant viven 8 familias. Un día las cosas cambian mucho. Las familias observan un camión de mudanzas con conos de tráfico alrededor.

La familia Drake se está mudando. Todos los niños miran para ver todo lo que van a bajar del camión.

Los conos tienen una **base** circular. El punto que se encuentra en el otro extremo se llama **vértice**.

vértice

base

Los niños ven muchas cajas grandes. A veces ayuda a los que hacen mudanzas saber qué tan grande es una caja. Se puede medir la **longitud**, la **altura** y la **anchura**. Cada una de esas medidas se llama **dimensión**.

Las cajas tienen 3 dimensiones. A este tipo de figuras, se les denomina figuras tridimensionales. Otro nombre para tridimensional es 3D. Algunas cajas son **cubos**. Todos los bordes tienen la misma longitud. Otras cajas son prismas rectangulares. En estas cajas, las longitudes de los bordes no son iguales.

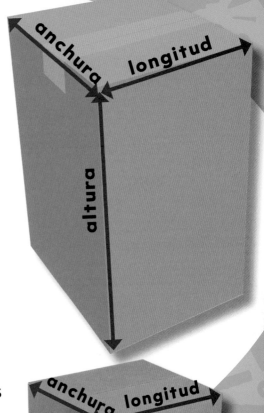

xploremos las matemáticas

1.   2.   3.   4.

a. ¿Qué cajas son cubos?

b. ¿Qué cajas son prismas rectangulares?

Ayuda y diversión

Todos ayudan a la nueva familia. Los vecinos llevan las cajas dentro de la casa.

Los niños quieren jugar con los
nuevos niños. Se les ocurre una gran
idea. ¡Quieren divertirse con las cajas!
Piden quedarse con algunas.

Juegan dentro de las cajas. Hasta la gata juega.

Exploremos las matemáticas

Las figuras tridimensionales tienen caras. Una **cara** es el lado plano de una figura de tres dimensiones. Observa este prisma rectangular. ¿Cuántas caras tiene?

Los niños pequeños también
se divierten con las cajas.

Luego inventan lugares para
esconderse. Cortan una ventana en
una de las cajas. La ventana es un
rectángulo.

rectángulo

Los rectángulos y los cuadrados son figuras de dos dimensiones o 2D. Son figuras planas. Puedes medir la longitud y la anchura.

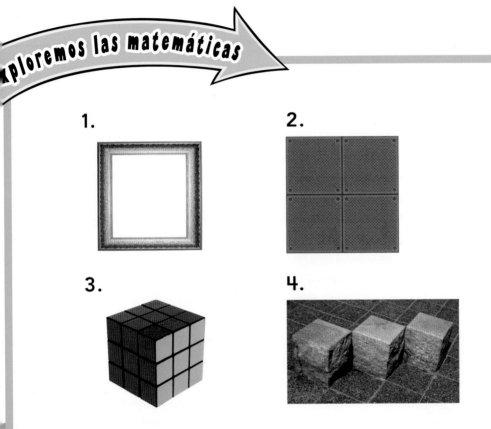

1.

2.

3.

4.

a. ¿En qué ilustraciones hay cuadrados?

b. ¿En qué ilustraciones hay cubos?

c. ¿En qué ilustraciones hay cuadrados y cubos?

Luego usan latas vacías y un cordel
para hacer teléfonos de juguete. Una niña
habla en voz baja dentro de la lata vacía.
La otra niña escucha. La cuerda lleva el
sonido a la otra lata.

Las latas también son figuras tridimensionales. Se llaman **cilindros**. Tienen 2 caras en forma de círculo.

cara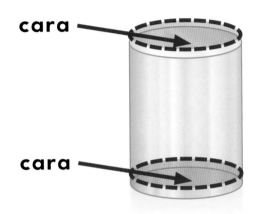

cara

Cómo hacer un teléfono de juguete

1. Saca las tapas de 2 latas limpias.

2. Pídele a un adulto que haga un agujerito en la base de cada lata.

3. Corta un trozo de hilo que tenga 5 pies de longitud como mínimo. Pasa un extremo del hilo por uno de los agujeros.

4. Anuda el hilo en el interior de la lata. Repite el procedimiento en la otra lata.

5. Estira el hilo que une las 2 latas. Debe quedar tirante. Háblense en voz baja.

Un cilindro puede ser una figura sólida. También puede ser una figura **hueca**. Una lata de sopa llena es una figura sólida.

Retira la tapa de la lata. Vierte la sopa en un tazón. Luego corta el fondo de la lata. Ahora el cilindro está hueco.

xploremos las matemáticas

1.

2.

3.

4.

a. ¿Qué cilindros son huecos?

b. ¿Qué cilindros son figuras sólidas?

Construyamos un fuerte

Los niños guardan muchas cajas.
Deciden construir un fuerte. Entonces
todos los niños pueden jugar juntos.

La familia Drake solía vivir cerca de un patio de juegos con forma de fuerte. Tienen una fotografía del lugar. Les dan algunas ideas a los niños.

Las figuras que terminan en punta en la parte superior del patio de juegos se llaman pirámides. Las pirámides tienen una figura de dos dimensiones como base. El resto de sus caras tienen forma de triángulo. Estas caras se encuentran en un punto. Al igual que en los conos, este punto se llama vértice.

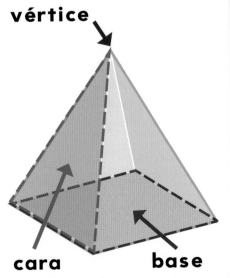

vértice

cara

base

Primero hacen una lista de todos los objetos que pueden usar. Luego empiezan a juntarlos. Colocan las cajas grandes en el jardín.

Objetos para nuestro fuerte

1. cajas

2. latas

3. conos

4. almohadas

5. mantas

6. taburetes

Después comienzan a construir el fuerte. Usan las cajas más pequeñas para hacer las paredes.

Observa los siguientes objetos. Luego contesta las preguntas.

1.

2.

3.

4.

a. ¿Cuál tiene forma de prisma rectangular?

b. ¿Cuál tiene forma de cubo?

c. ¿Cuál tiene forma de cilindro?

d. ¿Cuál tiene forma de cono?

21

La señora Drake recorta una puerta en 1 de las cajas grandes. También corta ventanas en otras 2 cajas.

Los niños hacen 4 paredes con las cajas. Hacen 1 gran rectángulo. Más tarde pondrán conos sobre las esquinas.

Más diversión

Apilan cojines y colocan
una manta para armar un lugar
acogedor. Toman descansos para
leer algunos libros. Juegan todo el
día dentro del fuerte.

Esa noche traen almohadas y mantas. Cuentan historias de fantasmas hasta la hora de irse a dormir a sus casas.

Los niños de la calle Grant usan el fuerte hasta que llega el frío. Entonces desarman el fuerte. Guardan las cajas. Empiezan a pensar en qué pueden hacer la próxima vez.

¡Sólo necesitan unas cajas de plástico para llenarlas con mucha nieve para armar ladrillos de hielo!

Los iglús pueden hacerse de ladrillos de hielo. El aire dentro de los ladrillos de nieve ayuda a bloquear el frío.

Construyamos un modelo

La familia Martínez vio una fotografía de este patio de juegos y decidió hacer un modelo con bloques de madera. ¿Qué figuras tridimensionales necesitan para construir el modelo?

a. ¿Cuántos cubos deben usar?

b. ¿Cuántos cilindros deben usar?

c. ¿Cuántas pirámides deben usar?

d. ¿Cuántas rampas deben usar?

e. ¿Cuántos prismas rectangulares deben usar?

¡Resuélvelo!

Sigue estos pasos para resolver el problema.

Paso 1: Observa el patio de juegos. Piensa en el tipo de bloques que usarías para construir el modelo. Recuerda que la figura se vería sólida en el modelo.

Paso 2: Cuenta los cubos para resolver el problema a. Cuenta los cilindros para resolver el problema b.

Paso 3: Cuenta las pirámides para resolver el problema c. Cuenta las partes que están inclinadas para resolver el problema d.

Paso 4: Cuenta los prismas rectangulares para resolver el problema e. Cuenta todos los que observes. Algunos están ocultos detrás de las rampas. Agrégalos a tu suma.

Glosario

altura—cuánto mide de alto un objeto

anchura—cuánto mide de ancho un objeto

base—cara sobre la que se apoya una figura tridimensional

cara—parte plana de un objeto tridimensional

cilindro—figura tridimensional que tiene 2 caras circulares y 1 lado curvo

cubo—figura sólida que tiene 6 lados iguales

dimensión—longitud, anchura o altura de un objeto

hueco—que está vacío en el interior

longitud—cuánto mide de largo un objeto

sólida—figura tridimensional que no está vacía en el interior

vértice—punto donde se unen 2 o más bordes

Índice

Exploremos las matemáticas

Página 7:

a. Las cajas 1 y 3

b. Las cajas 2 y 4

Página 10:

6 caras

Página 13:

a. en las ilustraciones 1, 2, 3 y 4

b. en las ilustraciones 3 y 4

c. en las ilustraciones 3 y 4

Página 17:

a. los cilindros 2 y 3

b. los cilindros 1 y 4

Página 21:

a. el objeto 3

b. el objeto 1

c. el objeto 2

d. el objeto 4

Resuelve el problema

a. 3 cubos

b. 1 cilindro

c. 1 pirámide

d. 2 rampas

e. 12 prismas rectangulares